ME ENCANTA DORMIR EN MI PROPIA CAMA

I LOVE TO SLEEP IN MY OWN BED

Shelley Admont

Ilustrado por SonalGoyal y SumitSakhuja

www.kidkiddos.com
Copyright©2013 by S. A. Publishing ©2017 by KidKiddos Books Ltd.
support@kidkiddos.com

All rights reserved. No part of this book may be reproduced in any form or by any electronic or mechanical means, including information storage and retrieval systems, without written permission from the publisher or author, except in the case of a reviewer, who may quote brief passages embodied in critical articles or in a review.

Todos los derechos reservados. Ninguna parte de este libro se puede utilizar o reproducir de cualquier forma sin el permiso escrito y firmado de la autora, excepto en el caso de citas breves incluidas en reseñas o artículos críticos.

Second edition, 2019

Library and Archives Canada Cataloguing in Publication data
I Love to Sleep in My Own Bed (Spanish English Bilingual Edition)/ Shelley Admont
ISBN: 978-1-5259-1605-2 paperback
ISBN: 978-1-77268-604-3 paperback
ISBN: 978-1-77268-217-5 eBook

Please note that the Spanish and English versions of the story have been written to be as close as possible. However, in some cases they differ in order to accommodate nuances and fluidity of each language.

Para aquellos a los que más quiero–S.A.
For those I love the most–S.A.

Jimmy, el pequeño conejito, vivía con su familia en el bosque. Vivía en una preciosa casa con su madre, su padre y sus dos hermanos mayores.

Jimmy, a little bunny, lived with his family in the forest. He lived in a beautiful house with his mom, dad, and two older brothers.

A Jimmy no le gustaba dormir en su propia cama. Una noche, antes de acostarse, le preguntó a su madre:
— ¿Mamá, puedo dormir contigo? No me gusta dormir sólo en mi cama.

Jimmy didn't like to sleep in his own bed. One night, he brushed his teeth and before going to bed, he asked his mom, "Mom, can I sleep in your bed with you? I really don't like sleeping in my bed alone."

— Cariño, — dijo su mamá— cada uno tiene su propia cama y la tuya es perfecta para ti.

"Sweetie," said Mom, "everyone has his own bed, and your bed suits you just right."

— Pero mamá, no me gusta nada mi cama, — respondió Jimmy— . Yo quiero dormir contigo.

"But, Mom, I don't like my bed at all," answered Jimmy. "I want to sleep in your bed."

— Vamos a hacer esto, — dijo mamá— . Te vas a poner en tu cama y te voy a abrazar, a tapar y os voy a leer un cuento a ti y a tus hermanos. Después, te daré un beso y me quedaré junto a ti hasta que te duermas.

"Let's do this," said Mom, "you get into your bed, and I'll hug you, tuck you in, and read you and your brothers a story.

Then, I'll give you a kiss and sit with you until you fall asleep."

— Vale, — *aceptó Jimmy, y le dio un beso a su madre.*
"Okay," agreed Jimmy, and he gave his mom a kiss.

Mamá abrazó a Jimmy y leyó un cuento a sus tres hijos. Durante el cuento los niños cayeron dormidos.
Mom hugged Jimmy and read a bedtime story to her three children. During the story, the children fell asleep.

Mamá les dio un beso de buenas noches a todos y se fue a dormir a su habitación.
Mom gave all of them a goodnight kiss and went to sleep in her bed in her room.

A mitad de la noche Jimmy se despertó, se sentó en la cama, miró a su alrededor y vio que su madre no estaba con él.

In the middle of the night, Jimmy woke up. He sat up in bed, looked around, and saw that Mom wasn't next to him.

Entonces , se levantó de la cama, cogió su cojín y su manta, y entró sigilosamente en la habitación de sus padres. Se puso en su cama, abrazó a su madre y se durmió.

Then, he got out of bed, took his pillow and blanket, and sneaked quietly into Mom and Dad's room. He got into their bed, hugged Mom, and fell asleep.

Durmieron así toda la noche hasta la mañana siguiente.

They slept like that the whole night until the morning.

La noche siguiente, Jimmy se despertó otra vez, cogió su cojín y su manta e intentó abandonar la habitación como en la noche anterior.

The next night, Jimmy woke up again. He took his pillow and blanket, and tried to leave the room like the night before.

Pero después, su hermano mediano se despertó.

But just then, his middle brother woke up.

— ¿Jimmy, a dónde vas? — preguntó.
"Jimmy, where are you going?" he asked.

—¡Ah! ¡Ah! —Jimmy balbuceó— a ningún sitio. ¡Vuelve a la cama!

"Ah, ahh...," Jimmy stuttered, "nowhere. Go back to sleep."

Él rápidamente corrió a la habitación de sus padres, se escabulló en su cama y fingió dormir.

He quickly ran to his mom and dad's room. He sneaked into their bed and pretended to sleep.

Pero su hermano mediano estaba completamente despierto.

But his middle brother was wide awake.

Cuando descubrió que Jimmy estaba durmiendo en la cama de sus padres se enfadó.

When he discovered that Jimmy was sleeping in their mom and dad's bed, he was very upset.

"¿Así que eso funciona así, no?", pensó. "Si a Jimmy le permiten hacer eso, yo también lo quiero".

So that's the way it is, is it? he thought. If Jimmy is allowed, then I want to also.

Así que, ¡él también se metió en la cama de sus padres!

With that, he got into their parents' bed as well!

Mamá oyó sonidos extraños, abrió los ojos y vio a sus dos hijos en su cama. Les hizo un hueco en la cama arrimándose a un pequeño rincón.

Mom heard the strange noises, opened her eyes, and saw the two children in bed. She made room for them in the bed, by making do with a small corner of the bed for herself.

Otra vez, durmieron así toda la noche hasta la mañana siguiente.

Again, they slept like that the whole night until the morning.

La tercera noche pasó lo mismo. Jimmy se despertó, cogió su cojín y su manta y fue a la habitación de sus padres.

On the third night, the same thing happened. Jimmy woke up, took his pillow and blanket, and went to his parents' room.

Pero esta vez el hermano mayor también se despertó.

But this time, the oldest brother also woke up.

"Algo no está bien aquí" pensó, y siguió a sus dos hermanos pequeños hacia la habitación de sus padres.

Something's not right here, he thought to himself and followed his two younger brothers to Mom and Dad's room.

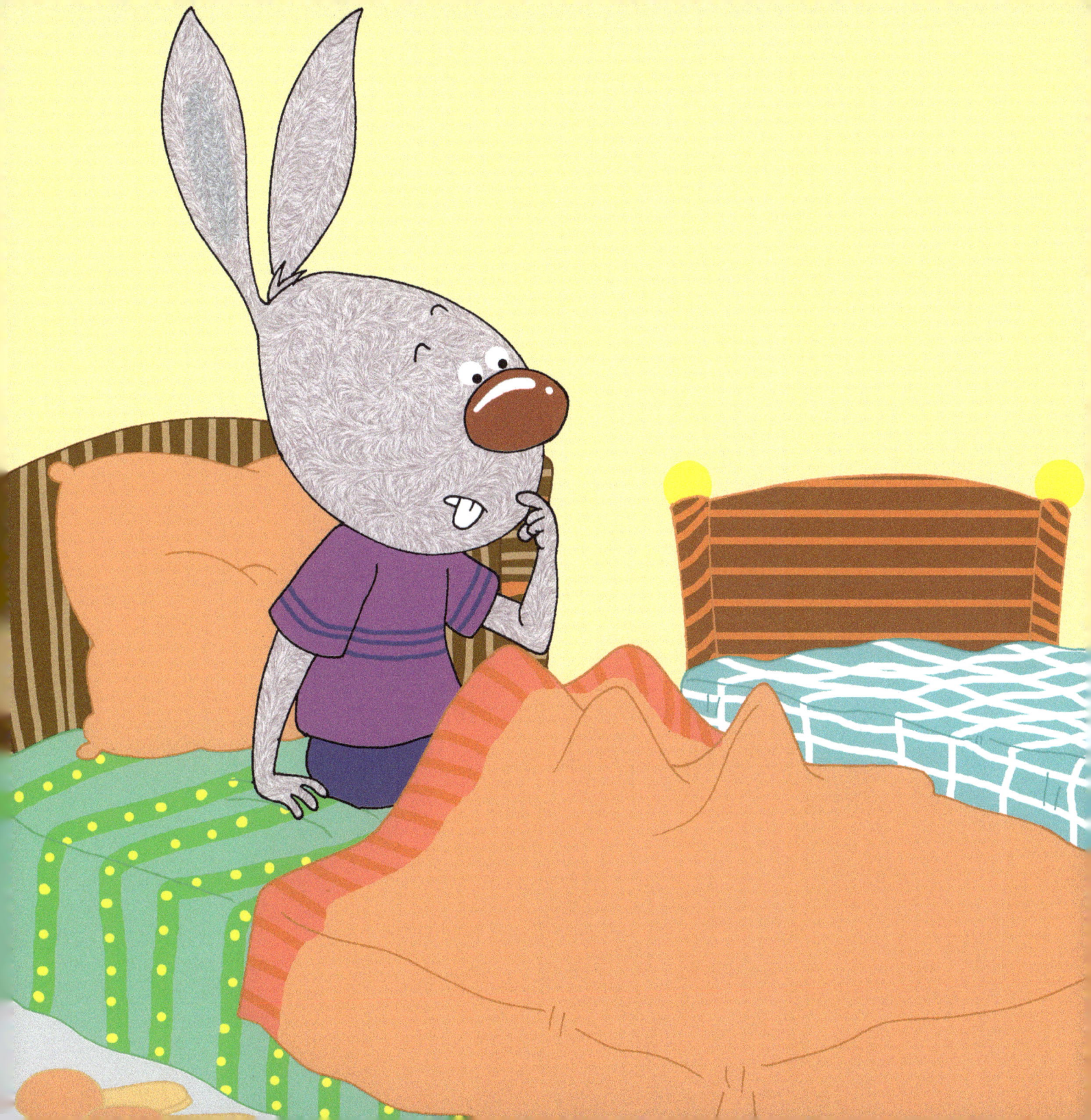

Cuando el hermano mayor vio a sus dos hermanos durmiendo junto a su mamá y su papá se puso muy celoso.

When the oldest brother saw his two younger brothers sleeping together with Mom and Dad, he was very jealous.

"Yo también quiero dormir en la cama de mamá y papá," pensó, y silenciosamente se puso en su cama.

I also want to sleep in Mom and Dad's bed, he thought and quietly jumped into the bed.

Fue muy incómodo para ellos, mamá y papá no durmieron bien en toda la noche. Dando una y otra vez vueltas en la cama intentaban encontrar el mejor modo de dormir.

It was really uncomfortable. Mom and Dad didn't rest the whole night. Tossing and turning, they tried to find the most comfortable way to sleep.

No fue fácil para los pequeños conejitos tampoco. Ellos también giraban una y otra vez en la cama intentando encontrar una posición cómoda hasta que amaneció.

It wasn't easy for the little bunnies either. They turned over and over in the bed until it was almost morning.

Después, de golpe... ¡boom! ...¡bang! ...¡la cama se rompió!

Then suddenly...Boom! ...Bang! ...the bed broke!

—¿Qué pasó? —gritó Jimmy cuando se despertó de golpe.

"What happened?" Jimmy shouted as he woke up right away.

—¿Qué vamos a hacer ahora? —dijo la mamá triste.

"What are we going to do now?" said Mom sadly.

—Tendremos que construir una cama nueva, —respondió el papá—. Después del desayuno, iremos al bosque y empezaremos a trabajar.

"We'll have to build a new bed," Dad announced. "After breakfast, we'll go to the forest and start working."

Después de desayunar toda la familia se fue al bosque y empezó a construir una nueva cama.

After breakfast, the whole family went to the forest to build a new bed.

Después de estar trabajando todo el día habían hecho una cama de madera grande y fuerte. La única cosa que faltaba era decorarla.

After a whole day's work, they had made a big, strong bed out of wood. The only thing left to do was decorate it.

—Hemos decidido pintarla de marrón, —dijo mamá—, y vosotros hijos podéis escoger el color que queréis para pintar vuestras camas.

"We've decided to paint our bed brown," said Mom, "and while we're painting our bed, you can repaint your beds whatever colors you like."

—Yo la quiero azul —dijo el hermano mayor con entusiasmo y corrió a pintar su cama de color azul.

"I want blue," said the oldest brother with excitement and ran to paint his bed blue.

—Y yo escojo el color verde, —respondió el hermano mediano contento.

"And I choose the color green," said the middle brother happily.

Jimmy escogió el color rojo y el color amarillo. Mezcló el rojo con el amarillo e hizo su color favorito... ¡el naranja!

Jimmy took the color red and the color yellow. He mixed the red with the yellow and made his favorite color...orange!

Pintó su cama de naranja y la decoró con estrellas rojas y amarillas.

He painted his bed orange and decorated it with red and yellow stars.

Cuando terminó de pintar su cama corrió hacia su mamá y le gritó orgulloso:
—¡Mamá, mira mi cama qué bonita! Me encanta. Quiero dormir en ella cada noche.

After he finished, he ran to Mom and proudly shouted, "Mom, look at my beautiful bed! I love my bed so much. I want to sleep in it every night."

La mamá sonrió y le dio a Jimmy un abrazo muy fuerte.

Mom smiled and gave Jimmy a big hug.

¡Buenas noches Jimmy!
Goodnight, Jimmy!

www.ingramcontent.com/pod-product-compliance
Lightning Source LLC
Chambersburg PA
CBHW061131070526
44584CB00033B/4292